3.-7. Schuljahr

Michael Freund

FABELN

Seltene und unbekannte Fabeln kreativ entdecken

AF565227

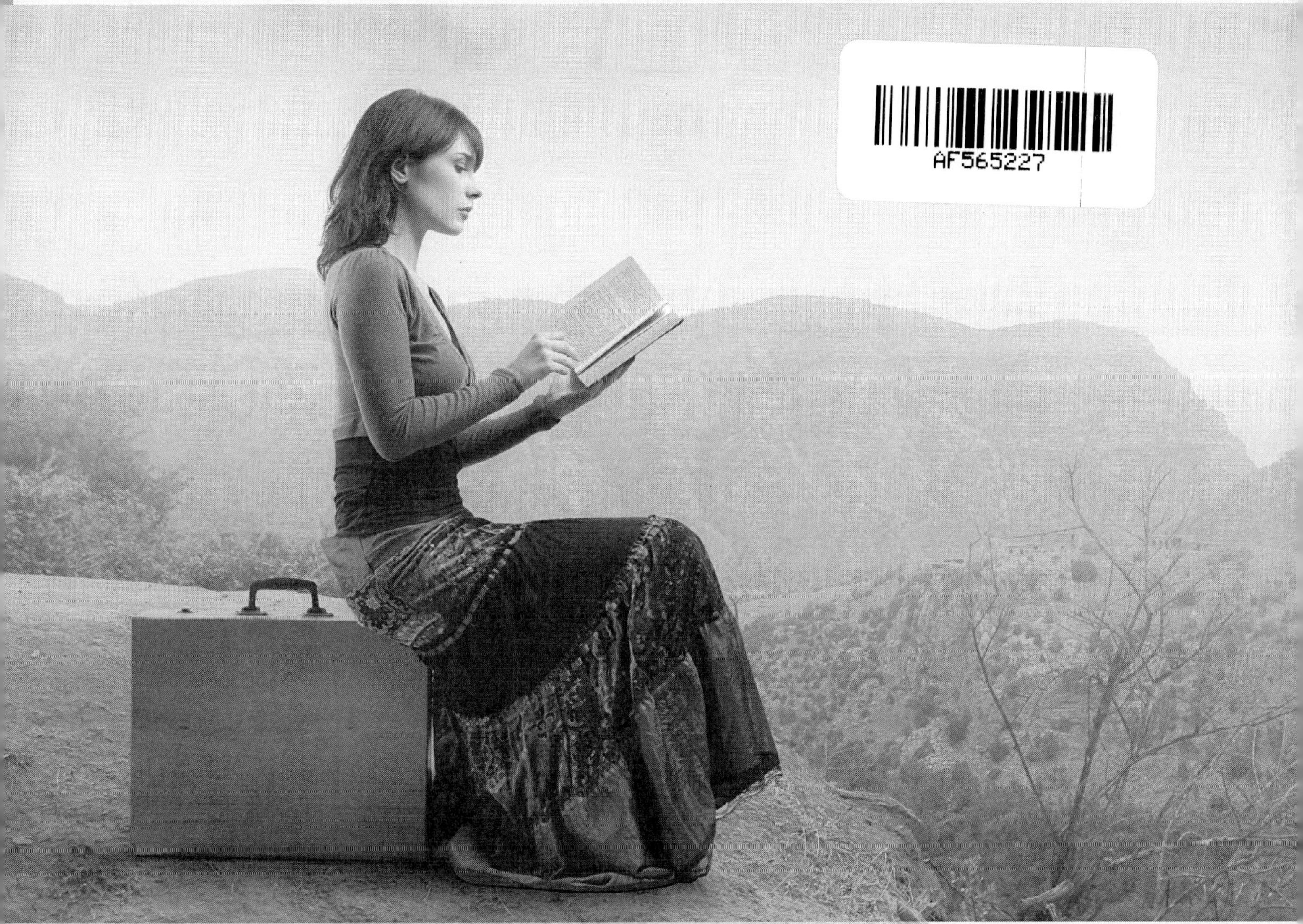

Mit einer Fabelwerkstatt zum kreativen Schreiben

www.kohlverlag.de

Fabeln

Seltene und unbekannte Fabeln kreativ entdecken

1. Auflage 2021

© Kohl-Verlag, Kerpen 2021
Alle Rechte vorbehalten.

Inhalt: Michael Freund
Coverbild: © olly - AdobeStock.com
Redaktion: Kohl-Verlag
Grafik & Satz: Kohl-Verlag
Druck: farbo prepress GmbH, Köln

Bestell-Nr. 12 600

ISBN: 978-3-98558-045-3

Bildquellen © AdobeStock.com:

S. 6: Mayer; **S. 7:** lubashka; **S. 8:** macrovector; **S. 9:** FourLeaveLover; **S. 10:** ~ Bitter ~; **S. 11:** AnastasiaOsipova; **S. 12:** asmakar; **S. 13:** Abbies Art Shop; **S. 14:** Christine Wulf; **S. 15:** AnastasiaOsipova; **S. 16:** bogadeva1983; **S. 17:** jenesesimre; **S. 18:** Mayer; **S. 19:** Alexander Pokusay; **S. 20:** DELstudio; **S. 21:** evgo1977; **S. 22:** Elen Koss; **S. 23:** Andrii_Oliinyk; **S. 24:** Konovalov Pavel; **S. 25:** AnastasiaOsipova; **S. 26:** endstern; **S. 27:** jenesesimre; **S. 28:** Olga Sayuk; **S. 29:** bekkersara; **S. 30:** Hein Nouwens; **S. 31:** asmakar; **S. 32:** Andrii_Oliinyk; **S. 33:** TanyaZima; **S. 34:** ~ Bitter ~; **S. 35:** Pansa; **S. 36:** aksol

Das vorliegende Werk und seine Teile sind urheberrechtlich geschützt. Jede Nutzung in anderen als den gesetzlich zugelassenen Fällen bedarf der vorherigen schriftlichen Einwilligung des Verlages. Hinweis zu § 52a UrhG: Weder das Werk noch seine Teile dürfen ohne eine solche Einwilligung eingescannt und in ein Netzwerk oder das Internet eingestellt werden. Dies gilt auch für Intranets von Schulen und sonstigen Bildungseinrichtungen.

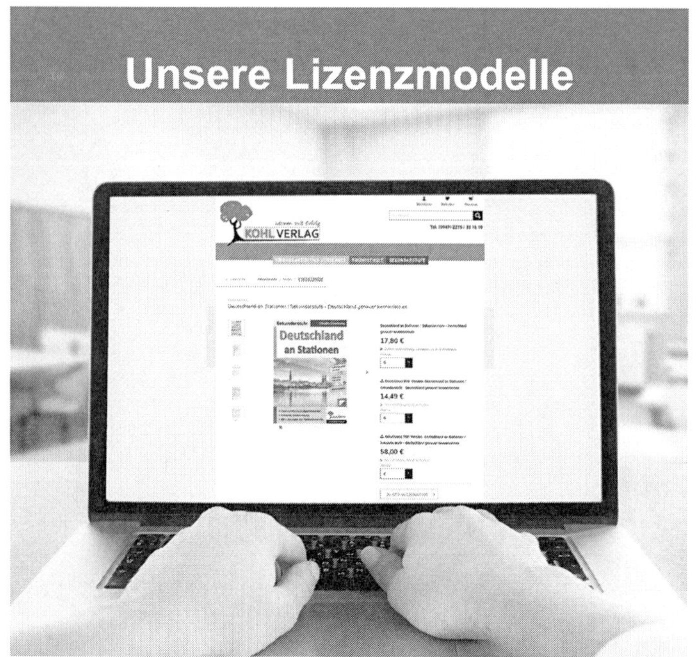

Der vorliegende Band ist eine Print-Einzellizenz

Sie wollen unsere Kopiervorlagen auch digital nutzen? Kein Problem – fast das gesamte KOHL-Sortiment ist auch sofort als PDF-Download erhältlich! Wir haben verschiedene Lizenzmodelle zur Auswahl:

	Print-Version	PDF-Einzellizenz	PDF-Schullizenz	Kombipaket Print & PDF-Einzellizenz	Kombipaket Print & PDF-Schullizenz
Unbefristete Nutzung der Materialien	x	x	x	x	x
Vervielfältigung, Weitergabe und Einsatz der Materialien im eigenen Unterricht	x	x	x	x	x
Nutzung der Materialien durch alle Lehrkräfte des Kollegiums an der lizensierten Schule			x		x
Einstellen des Materials im Intranet oder Schulserver der Institution			x		x

Die erweiterten Lizenzmodelle zu diesem Titel sind jederzeit im Online-Shop unter www.kohlverlag.de erhältlich.

Inhalt

Vorwort

Liebe Kolleginnen und Kollegen,

wer kennt sie nicht, die beliebten lehrreichen Erzählungen über Hase und Igel oder Löwe und Maus? Sicherlich sind diese Fabeln Klassiker und Meisterwerke, die nicht umsonst seit Jahrhunderten immer wieder aufs Neue begeistern und zum Nachdenken anregen und gelegentlich auch zum Schmunzeln verleiten. Die umfangreiche Welt der Fabeln auf einige wenige Pflichtstücke zu begrenzen, erscheint trotz allem äußerst unangemessen. Vor gar nicht allzu langer Zeit galten Fabeln im Bildungskanon als unersetzbar, da sie Lebensweisheiten und lebenspraktische Lehren beinhalten. Prägnant und einprägsam konnte man viele Themen und ethische Fragestellungen erörtern. Freilich bedarf ein postmodernes Verständnis keine einseitige Bevormundung und eintönige Auslegung thematisierter Werke. Doch mit der notwendigen Erschließung und einer schülerorientierten Öffnung des Unterrichts, können Fabeln auch heute noch begeistern und die Leserinnen und Leser „weiter“ bringen.

In diesem Werk finden sich neben älteren Stücken, die teils Jahrhunderte alt sind und zu Unrecht seltener in aktuellen Sammlungen erscheinen, auch unveröffentlichte Fabeln. Die große Auswahl an Fabeln ermöglicht eine adressatengerechte Aufbereitung im Unterricht, sodass gewiss keine Langeweile aufkommt.

Abgerundet wird dieses Werk durch eine Fabelwerkstatt, die zum kreativ-produktiven Schreiben anregt, durch ein Portfolio, das selbstorganisiertes Lernen fordert und fördert sowie umfangreiche Anregungen zur Projektarbeit, die kollaboratives Arbeiten begünstigen.

Viel Freude beim Lesen und Arbeiten mit diesem Werk wünschen das Team des Kohl-Verlags und

Michael Freund

Didaktische Hinweise

Die typischen Merkmale einer Fabel und was diese literarische Gattung auszeichnet, wird in diesem Werk nicht thematisiert. Diese sind entweder als Grundwissen vorhanden oder können durch gezielte Interaktion im Plenum bei der Bearbeitung der Fabeln im Klassenverband erarbeitet, erweitert und vertieft werden, ganz nach Gutdünken der Lehrkraft.

Grundsätzlich folgen die Arbeitsaufträge einem Schema, das die Arbeit mit dieser Sammlung an Fabeln erleichtern soll, da ein solches Muster Orientierung bietet. Neben einer klaren und kontinuierlichen Struktur gibt es dennoch zahlreiche Möglichkeiten differenziert, individualisiert und offen zu lernen. Entsprechend sind die Lösungen auf eine mögliche Lehre der jeweiligen Fabel begrenzt.

Nachdem die Fabeln innerhalb der Lerngruppe gelesen und der jeweilige Inhalt erschlossen wird, haben die Lernenden Gelegenheiten, kreativ-produktiv tätig zu sein und eigene Texte zu verfassen. Um der Heterogenität im Klassenverband gerecht zu werden, gibt es stets eine motivierende Zusatzaufgabe für Schnelle.

Die verfassten Texte können mit der Methode „Textlupe" im Anschluss kommentiert und überarbeitet werden, je nach zeitlichen Möglichkeiten.

Die Textlupe ist eine kooperative Methode der Textüberarbeitung im Unterricht. Hier nehmen Schülerinnen und Schüler die von ihren Klassenkameradinnen und -kameraden verfassten Texte genauer unter die Lupe. Die verfassten Textentwürfe werden in der Klasse verteilt. Jedem Text wird ein Rückmeldezettel (die „Textlupe") beigefügt. Dieser enthält verschiedene Orientierungspunkte, die zu konstruktiver Kritik anregen sollen. Beispielsweise können so die Aspekte Rechtschreibung, Groß- und Kleinschreibung, Satzzeichen, Grammatik, sprachlicher Ausdruck, Logik usw. thematisiert werden.

In Lesegruppen von max. 5 Schülern werden nun die Texte gelesen, auf dem Rückmeldezettel mit kurzen Kommentaren versehen und weitergereicht. Die Zettel werden zusammen mit dem Text an die Verfasser zurückgegeben für den Überarbeitungsprozess. Das Verfahren 'Textlupe' hat den Vorteil, dass es eine ruhigere Form des Arbeitens darstellt und der Text durch das schriftliche Feedback intensiver bearbeitet wird.

Literatur:

Bobsin, Julia: Textlupe: neue Sicht aufs Schreiben.
In PRAXIS Deutsch, 137/1995, 45 - 49.
Baurmann, Jürgen: Schreiben, Überarbeiten, Beurteilen.
Ein Arbeitsbuch zur Literaturdidaktik, Kallmeyer 2002 S.108 ff

Der Wolf und der Kranich (nach Aesop)

1. Lies die folgende Fabel aufmerksam durch!
2. Beschreibe die Handlung in eigenen Worten! Notiere stichpunktartig!
3. Fasse die Fabel in einem Satz zusammen!
4. Beschreibe eine mögliche Lehre dieser Fabel!
5. Was könnte der Kranich seiner Familie über den Vorfall erzählen? Notiere ein Gespräch!

Für Schnelle:
Hast du schon einmal Erfahrungen mit undankbaren Menschen gemacht? Notiere deine Erlebnisse in Stichpunkten!

Ein Wolf, dem ein Bein in seinem Schlunde steckengeblieben war, versprach einem Kranich eine beträchtliche Belohnung, wenn er es ihm herausziehen wollte. Der Kranich tat ihm diesen Dienst und wollte hierauf das Versprechen gehalten wissen. „Was willst du, Unverschämter?“, sprach jener. „Du steckst deinen Kopf in den Mund eines Wolfes und wenn du ihn glücklich und unverletzt herausgezogen hast, willst du noch von Belohnung sprechen? Du hast deinen Kopf wieder, Bursche, mit dieser Belohnung darfst du zufrieden sein.“

Quelle: *Die erneuerten Esopischen Fabeln, nebst den hierzu geeigneten Lehren und Sitten-Sprüchen zusammengetragen zum wahren Nutzen und unterhaltendem Vergnügen. Zweite Auflage. Michael Lindauer´sche Verlagsbuchhandlung. München. 1831*

Der junge Baum und der Wind (nach Willamov)

1. Lies die folgende Fabel aufmerksam durch!
2. Beschreibe die Handlung in eigenen Worten! Notiere stichpunktartig!
3. Fasse die Fabel in einem Satz zusammen!
4. Beschreibe eine mögliche Lehre dieser Fabel!
5. Schreibe das Gespräch zwischen dem jungen Baum und dem Wind in einer modernen Form auf!

Für Schnelle:
Schreibe eine weitere Strophe aus Sicht einer alten Eiche!

Der Baum

Gemach, Herr Wind, gemach. Oh weh.
Er sieht ja, dass ich allein hier steh‘.
An Eichenwäldern mag sein wilder
Zorn sich rächen.
Ich bin ein junger Baum, er wird
mich noch zerbrechen.

Der Wind

Ein junger Baum bist du? Gut, lieber
junger Baum, desto mehr kannst du dich
schmiegen. Sieh dort die alten Bäume liegen.
Oft fasst ich sie nur kaum.
Nur fein Geduld! Je mehr ich dich zerzausen werde,
je fester wurzelst du dich in die Erde.

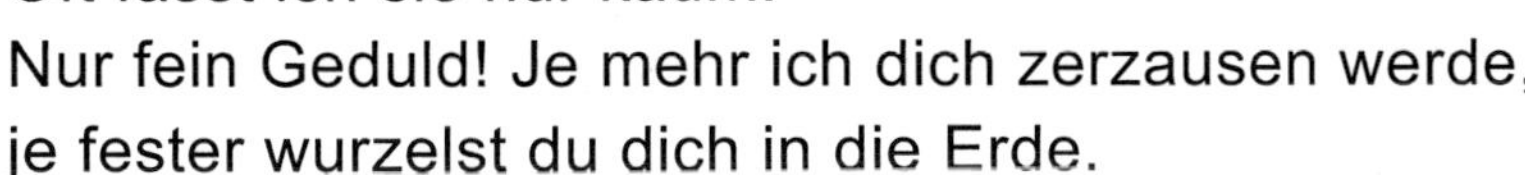

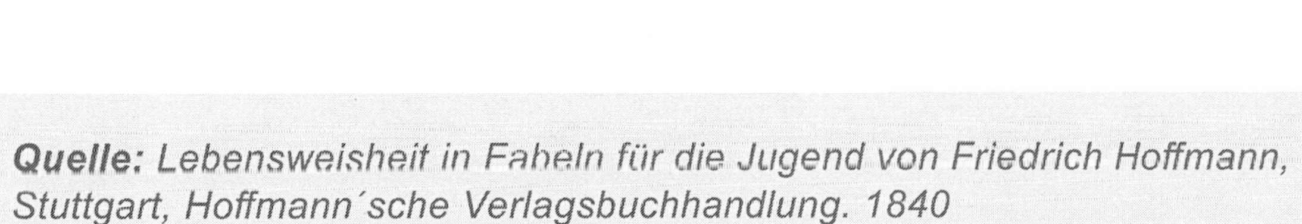

Quelle: *Lebensweisheit in Fabeln für die Jugend von Friedrich Hoffmann, Stuttgart, Hoffmann´sche Verlagsbuchhandlung. 1840*

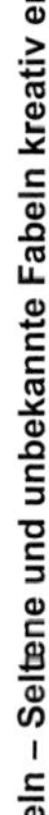

KOHL VERLAG Fabeln – Seltene und unbekannte Fabeln kreativ entdecken Bestell-Nr. 12 600

Die Eiche und der Orkan

1. Lies die folgende Fabel aufmerksam durch!
2. Beschreibe die Handlung in eigenen Worten! Notiere stichpunktartig!
3. Fasse die Fabel in einem Satz zusammen!
4. Beschreibe eine mögliche Lehre dieser Fabel!
5. Schreibe ein Gespräch der Bäume des Waldes auf, nachdem die stolze Eiche zersplittert wurde!

Für Schnelle:
Erfinde eine eigene Geschichte, die deutlich macht, dass es wichtig ist zusammenzuhalten.

Eine Eiche

stand isoliert an der Spitze eines Waldes und blickte stolz und verachtend über die niederen, aber dicht geschlossenen Bäume hin. In einer Nacht erhob sich ein fürchterlicher Orkan. Er brauste wild gegen die Eiche und zerschmetterte sie in tausend Splitter.
Die Bäume des Waldes aber blieben aufrecht und unbeschädigt in geschlossenen Reihen stehen.

Quelle: *Fabeln für unsre Zeiten und Sitten. Zweites Bändchen. Von Joseph Kraus. Strasburg und Mainz. 1801*

KOHL VERLAG Fabeln – Seltene und unbekannte Fabeln kreativ entdecken Bestell-Nr. 12 600

Der Hund und sein Schatten (nach Lafontaine)

1. Lies die folgende Fabel aufmerksam durch!
2. Beschreibe die Handlung in eigenen Worten! Notiere stichpunktartig!
3. Fasse die Fabel in einem Satz zusammen!
4. Beschreibe eine mögliche Lehre dieser Fabel!
5. Stelle dir vor, du bist ein Vogel der alles aus sicherer Entfernung beobachtet hat. Erzähle die Geschichte deinen Freundinnen und Freunden!

Für Schnelle:
Stelle die Szene zeichnerisch dar!

Wie häufig ist der Selbstbetrug!
Wer kann die Toren alle zählen.
Sie sind wie jener Hund, der einen Knochen trug
und in dem klaren Bach sein Ebenbild erblickte.
Er springt hinein, die Beute, die der Bach
vergrößert ihm entgegen schickte,
dem Feinde zu entreißen. Ach!
Nichts war hier wirklich als sein Schade.
Sein schöner Knochen blieb im Bach
Und nur mit viele Müh´ erreicht er das Gestade.

Quelle: *Lebensweisheit in Fabeln für die Jugend von Friedrich Hoffmann, Stuttgart, Hoffmann´sche Verlagsbuchhandlung. 1840*

Die Krähe und der Eber

1. Lies die folgende Fabel aufmerksam durch!
2. Beschreibe die Handlung in eigenen Worten! Notiere stichpunktartig!
3. Fasse die Fabel in einem Satz zusammen!
4. Beschreibe eine mögliche Lehre dieser Fabel!
5. Überlege dir, was die Eiche daraufhin geantwortet haben könnte! Notiere ein Gespräch zwischen Krähe und Eiche!

Für Schnelle:
Hast du auch schon einmal vorschnell eine Entscheidung getroffen, die nicht gut überlegt war? Notiere deine Erfahrungen!

Eine Krähe hatte sich mit ihren Krallen in das Rückgrat eines Ebers eingekrallt und fragte alle Bäume in der Runde um Rat, wohin sie die gemachte Beute tragen sollte. „Hierher", sprach endlich die Eiche, „wenn es dir beliebt, ich will sie getreu bewachen."
„Recht gut", antwortete ihnen die Krähe, „aber eben denke ich darüber nach, wie ich mit meinen Kräften diese ungeheure Last aufheben soll."
„Aufheben und festhalten" rief der Eber, „daran denke ich, hättest du eher denken sollen und würdest dann vielleicht die Bäume um deinen Rat gebeten haben". Indem er es noch sagte, schüttelte er die Krähe lächelnd los.

Quelle: August Gottlieb Meißners Sämmtliche Werke. Sechster Band. Enthält: Fabeln. Wien. 1813.

Fabeln – Seltene und unbekannte Fabeln kreativ entdecken   Bestell-Nr. 12 600

Die Maus, die Katze und der Hund

1. Lies die folgende Fabel aufmerksam durch!
2. Beschreibe die Handlung in eigenen Worten! Notiere stichpunktartig!
3. Fasse die Fabel in einem Satz zusammen!
4. Beschreibe eine mögliche Lehre dieser Fabel!
5. Schreibe ein Gespräch zwischen Hund und Maus auf, das nach den Ereignissen stattgefunden hat!

<u>Für Schnelle</u>:
Beschreibe die Charaktereigenschaften der drei Tiere in Stichpunkten!

Seit jeher lebte die Maus in großer Angst, das nächste Opfer der Katze zu sein. Immer verkroch sie sich und versuchte nicht in deren Nähe zu sein, um nicht von ihr verspeist zu werden. Die Katze war sich stets ihrer Stärke bewusst und hatte Freude daran, dass die Maus sich so verhielt. Eines Tages kam es jedoch, dass die Katze voller Stolz und Erhabenheit durch die Landschaften streifte und nicht bemerkte, wie sie in eine Falle tappte, die eigentlich für wildes Getier bestimmt war. Ängstlich wimmerte sie nun und konnte ihr Unglück kaum ertragen. Die Maus hörte den Katzenjammer und näherte sich vorsichtig. „Ich will dir helfen, großer Räuber“, äußerte sich das kleine graue Geschöpf, „aber versprich mir, dass du mich fortan in Ruhe lässt und ich ohne Angst im Hause umherwandeln kann“. „Freilich!“, versprach die Katze, dachte aber kaum daran, sich an ihr Versprechen zu halten. Die Maus nagte die Fesseln frei und die Katze wollte sich gleich mit einem Happen Mausfleisch stärken.
Der Hund hatte die Situation still und heimlich beobachtet und war entrüstet über die Falschheit der Jägerin. So bellte er mit gewaltigem Getöse und heftigem Gebrüll. Erschrocken über die scheinbare Bestie suchte die Katze das Weite und war von da an nie mehr gesehen. Der Hund und die Maus aber blieben die besten Freunde auf Lebenszeit.

Verfasser: *Michael Freund*

Der Hund und der Dieb (nach Aesop)

1. Lies die folgende Fabel aufmerksam durch!
2. Beschreibe die Handlung in eigenen Worten! Notiere stichpunktartig!
3. Fasse die Fabel in einem Satz zusammen!
4. Beschreibe eine mögliche Lehre dieser Fabel!
5. Setze die Geschichte des Hundes fort!

<u>Für Schnelle</u>:
Hast du dich schon einmal bestechen lassen oder hast du jemand anderen bestochen? Kennst du jemanden, dem so etwas passiert ist? Notiere deine Gedanken! (Achtung: Du musst hier keine Namen schreiben!)

Eine Diebesbande

wollte in das Haus eines Landmannes einbrechen. Aber sein Hund war noch wach und fing an heftig zu bellen. Einer von den Dieben suchte ihn zu besänftigen und bot ihm ein Stück Fleisch an. „Nein!“, sprach der Hund. „Ich werde mich nicht bestechen lassen, um meinen Herrn an einen Fremden zu verraten. Auch wäre es wahrlich töricht eines einzigen leckeren Bissens halber denjenigen zu vergessen, der bisher mir so manches gute tat und künftig noch zu tun vermag!“ Er bellte hier immer stärker und die Diebe entflohen.

__Quelle:__ Lebensweisheit in Fabeln für die Jugend von Friedrich Hoffmann, Stuttgart, Hoffmann´sche Verlagsbuchhandlung. 1840

Der Fuchs und der Löwe

1. Lies die folgende Fabel aufmerksam durch!
2. Beschreibe die Handlung in eigenen Worten!
   Notiere stichpunktartig!
3. Fasse die Fabel in einem Satz zusammen!
4. Beschreibe eine mögliche Lehre dieser Fabel!
5. Der Fuchs erzählt daheim seiner Familie was passiert!
   Schreibe einen Dialog mit seiner Frau!

Für Schnelle:
Welche Eigenschaften haben Löwe und Fuchs!
Notiere diese und vergleiche miteinander!

Der Löwe hatte sich hinter einem Baum auf die Lauer gelegt und ein Fuchs, der vorbeigehen wollte, sah von weitem die Spitze seines Schweifes. Noch war er ungewiss, ob es nicht der Schweif eines Stieres sein könnte, aber dennoch floh er schnell davon und sprach: „Besser, dass meine Freunde über diese meine Flüchtigkeit lachen als über mein Unglück weinen."

Quelle: *August Gottlieb Meißners Sämmtliche Werke. Sechster Band. Enthält: Fabeln. Wien. 1813.*

Der Fuchs und der Igel (nach Camerarius)

1. Lies die folgende Fabel aufmerksam durch!
2. Beschreibe die Handlung in eigenen Worten! Notiere stichpunktartig!
3. Fasse die Fabel in einem Satz zusammen!
4. Beschreibe eine mögliche Lehre dieser Fabel!
5. Stell dir vor, du bist der Igel und kommst nach Hause zu deiner Familie. Berichte von deinem Erlebnis!

Für Schnelle:
Ist es deiner Meinung nach besser viele Dinge zu können (z. B. verschiedene Sportarten) oder einige wenige (z. B. Fußball) zu perfektionieren? Notiere deine Gedanken!

Ein stolzer Fuchs besprach sich mit dem Igel und fragte ihn, wie er es mache, wenn ihn die Hunde verfolgten. „Ich habe dann einen einzigen Kunstgriff“, antwortete der Igel ganz bescheiden. „Einen einzigen? Ja, freilich, dann bedaure ich dich, denn ich habe deren doch wenigstens hundert.“, so prahlte der Fuchs. Und in eben dem Augenblick hörten sie die Hunde bellen und sahen, bevor sie entfliehen konnten, Jäger herbeieilen. Der Igel rollte sich in eine Kugel zusammen. Überall war er nun stachlig. Die Hunde bissen sich an ihm blutig. Ausgerechnet dadurch gingen sie auf den Fuchs los. Vergebens nahm dieser zu List und Seitensprüngen seine Zuflucht. Er machte freilich den Hunden ihren Sieg schwer, aber er wurde doch endlich erhascht und gewürgt. „Ach“, seufzte der Igel, der von fern zusah: „Ach, ich wünschte, dass er noch lebt. Jetzt würde er eingestehen, dass eine Kunst recht erlernt besser als hundert nichtige sei.“

Quelle: *Lebensweisheit in Fabeln für die Jugend von Friedrich Hoffmann, Stuttgart, Hoffmann´sche Verlagsbuchhandlung. 1840*

Die Katze und der Hund

1. Lies die folgende Fabel aufmerksam durch!
2. Beschreibe die Handlung in eigenen Worten! Notiere stichpunktartig!
3. Fasse die Fabel in einem Satz zusammen!
4. Beschreibe eine mögliche Lehre dieser Fabel!
5. Schreibe einen Dialog zwischen Katze und Hund, nachdem sie aus dem Haus gejagt wurden!

Für Schnelle:
Findest du es wichtig, dass man seine Pflichten stets erfüllt? (Denke dabei auch an die Pflichten, die du in deiner Familie hast) Notiere deine Gedanken!

Eine Katze und ein Hund lebten in vollem Überfluss bei einer alten Frau, die ihnen jeden nur erdenklichen Wunsch erfüllte. Die beiden Tiere schwelgten im Überfluss und hatten alles, was das Herz begehrt. Sie waren jedoch nicht zufrieden, da ein jeder der Liebling des Frauchens seien wollte. Und so versuchten sie stets, sich gegenseitig eins auszuwischen und sich bei ihrer Herrin beliebt zu machen, wo es nur ging. Der Hund schwänzelte um die Dame herum, die Katze schnurrte voller Begeisterung.
Die alte Frau jedoch war von diesen Anwandlungen überhaupt nicht angetan, denn der Hund vernachlässigte seine Wächterpflichten und die Katze vergaß die Mäuse zu jagen. Enttäuscht von ihren Tieren, schmiss sie diese in hohem Bogen aus dem Haus und besorgte sich zwei neue Haustiere, die sich auf ihre Aufgaben besser verstanden.

Verfasser: Michael Freund

Fabeln – Seltene und unbekannte Fabeln kreativ entdecken Bestell-Nr. 12 300

Die Ruder und das Steuer

1. Lies die folgende Fabel aufmerksam durch!
2. Beschreibe die Handlung in eigenen Worten!
   Notiere stichpunktartig!
3. Fasse die Fabel in einem Satz zusammen!
4. Beschreibe eine mögliche Lehre dieser Fabel!
5. Wie könnten wohl die anderen Ruder auf den Zwischenfall reagieren?
   Was werden sie wohl den neuen Rudern erzählen?
   Notiere deine Gedanken!

Für Schnelle:
Stelle die Szene zeichnerisch dar!

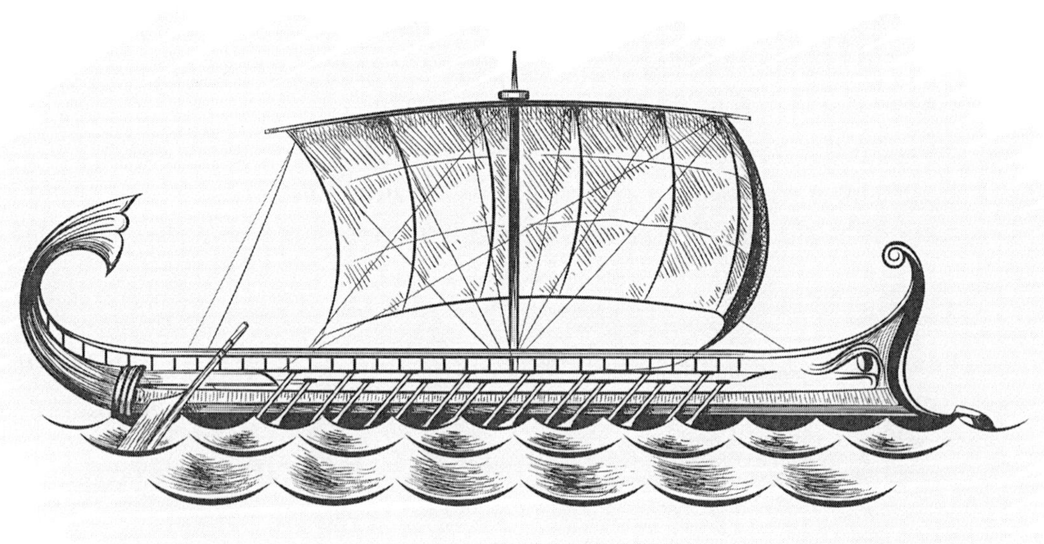

Eine ganze Menge von Rudern entzweite sich mit dem Steuer. Und alle spotteten dessen, weil es so klein und einzig sei. Jenes schwieg, aber plötzlich lenkte es dergestalt das Schiff, dass es auf eine Klippe lief und alle Spötter auf dieser Seite splitterten und zerbrachen.

Quelle: *August Gottlieb Meißners Sämmtliche Werke. Sechster Band. Enthält: Fabeln. Wien. 1813.*

Der Wolf und das Lamm (nach Aesop)

1. Lies die folgende Fabel aufmerksam durch!
2. Beschreibe die Handlung in eigenen Worten! Notiere stichpunktartig!
3. Fasse die Fabel in einem Satz zusammen!
4. Beschreibe eine mögliche Lehre dieser Fabel!
5. Stell‘ dir vor, du bist ein anderes Lamm, das die Situation beobachtet hat. Wie würdest du reagieren und mit der restlichen Herde sprechen? Notiere deine Gedanken!

Für Schnelle:
Der Wolf wird in Fabeln und häufig „böse“ dargestellt. Überlege dir, was eine solche Darstellung für Folgen haben kann! Notiere deine Gedanken in Stichpunkten!

Ein Wolf stand bei einer Quelle und löschte seinen Durst. Weiter unten stand ein Lamm, mit dem er sogleich eine Ursache zum Streit suchte. „Warum machst du mir das Wasser trübe?“, sprach er zum Lamm. Ganz geduldig antwortete dieses: „Ich kann dir das Wasser nicht trübe machen, denn der Bach fließt von dir zu mir herab.“ Der Wolf suchte eine andere Ursache zum Zanke und sprach: „Du hast mich vor sechs Monaten gelästert!“. Da erwiderte das Lamm: „Dies kann ich nicht gewesen sein. Damals war ich noch nicht geboren.“ „Nun, so ist es dein Vater gewesen!“, fiel ihm der Wolf in die Rede. „Dafür sollst du mir büßen!“, worauf er das unschuldige Lamm verschlang.

Quelle: *Die erneuerten Esopischen Fabeln, nebst den hierzu geeigneten Lehren und Sitten-Sprüchen zusammengetragen zum wahren Nutzen und unterhaltenden Vergnügen. Zweite Auflage. Michael Lindauer´sche Verlagsbuchhandlung. München. 1831*

Die Schildkröte und die zwei Enten (nach Bidvai)

1. Lies die folgende Fabel aufmerksam durch!
2. Beschreibe die Handlung in eigenen Worten! Notiere stichpunktartig!
3. Fasse die Fabel in einem Satz zusammen!
4. Beschreibe eine mögliche Lehre dieser Fabel!
5. Verfasse einen Dialog der zwei Enten nach dem Ableben der Schildkröte!

Für Schnelle:
Überlege, warum die Schildkröte so auf die Menschen reagiert hat und nicht anders! Notiere deine Gedanken in Stichpunkten!

Es war ein Teich

und daneben eine grüne Wiese. Auf derselben waren zwei Enten und in dem Teich eine Schildkröte, welche miteinander in Liebe und Freundschaft verbunden waren. Es traf sich nun, dass das Wasser des Teiches austrocknete. Da gingen die Enten zu der Schildkröte, um von ihr Abschied zu nehmen und ihr ein Lebewohl zu sagen, indem sie sagten: „Wir müssen diesen Platz verlassen, weil kein Wasser mehr da ist. Die Schildkröte entgegnete: „Das Verschwinden des Wassers trifft meinesgleichen noch viel empfindlicher, da ich wie ein Schiff immer im Wasser sein muss, um Leben zu können, während dem ihr euer Leben fristen könnt, wo ihr auch seid. Drum nehmt mich auch mit.“ Die Enten erwiderten: „Nun gut!“ „Aber wie könnt ihr mich weiterschaffen?“, fragte die Schildkröte. Die Enten antworteten: „Wir nehmen einen Stock an seinen beiden Enden, du hängst dich an die Mitte desselben an und so fliegen wir mit dir durch die Luft. Aber hüte dich ja, wenn du die Leute unter uns sprechen hörst, ihnen Antwort zu geben!“ Darauf nahmen sie die Schildkröte und flogen mit ihr durch die Luft. Die Leute aber, welche das sahen, riefen: „Welch Wunder! Eine Schildkröte in der Mitte von zwei Enten, welche sie tragen!“ Da sagte die Schildkröte, als sie solches hörte: „Gott möge euch verblenden, ihr Menschen!“ Nachdem sie ihren Mund zum Sprechen geöffnet hat, fiel sie auf die Erde herab und gab ihr Leben auf.

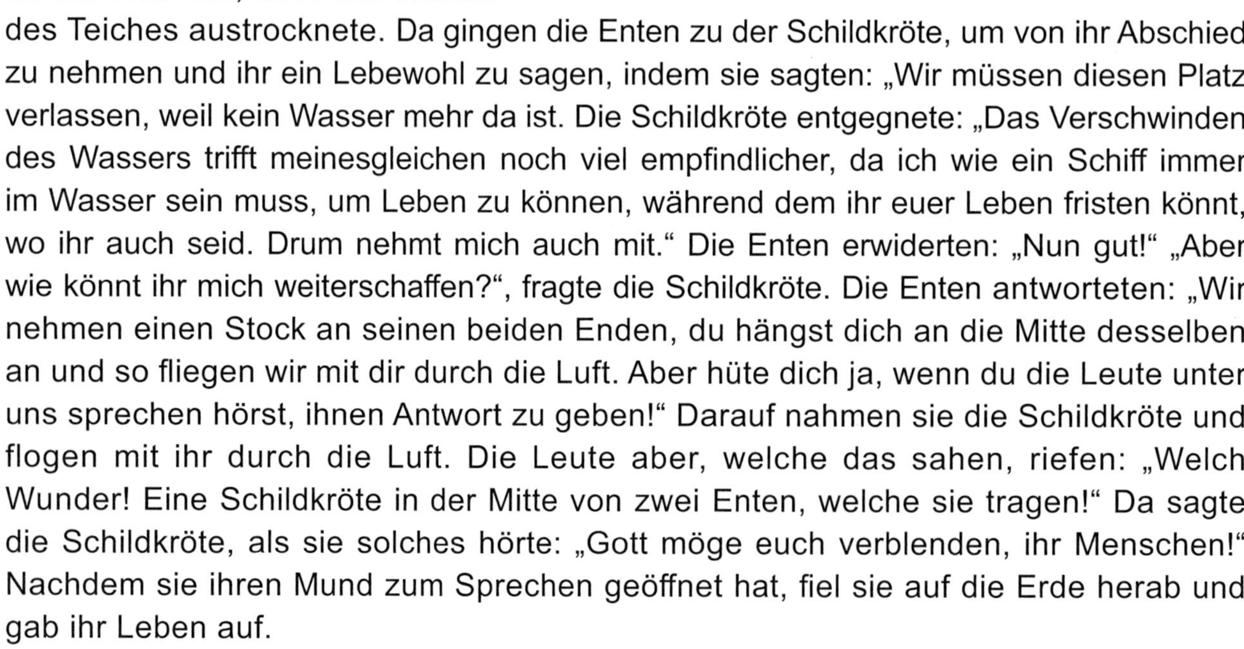

Quelle: Lebensweisheit in Fabeln für die Jugend von Friedrich Hoffmann, Stuttgart, Hoffmann´sche Verlagsbuchhandlung. 1840

KOHL VERLAG

Die Kröte und der Frosch

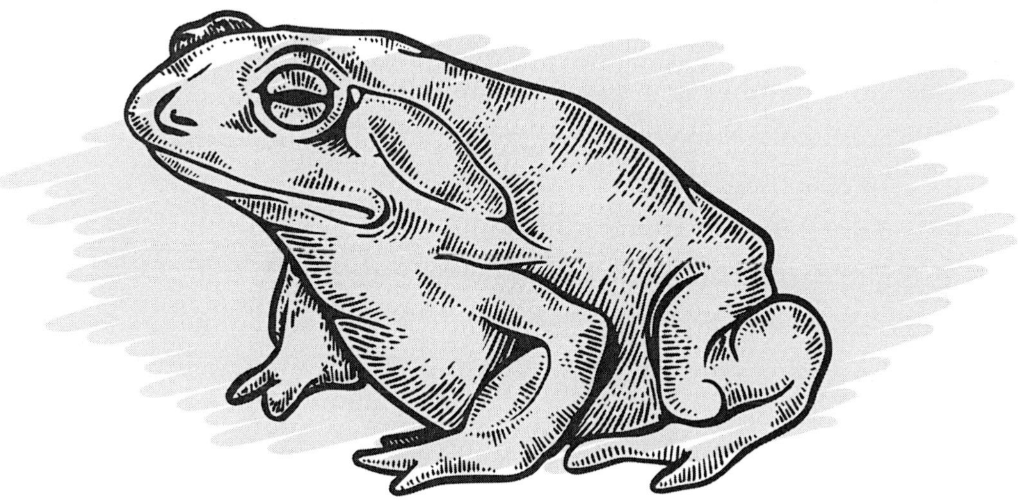

1. Lies die folgende Fabel aufmerksam durch!
2. Beschreibe die Handlung in eigenen Worten.
   Notiere stichpunktartig!
3. Fasse die Fabel in einem Satz zusammen!
4. Beschreibe eine mögliche Lehre dieser Fabel!
5. Was könnte der Frosch seiner Frau erzählen?
   Notiere ein Gespräch!

Für Schnelle:
Hältst du es für wichtig „gut" auszusehen? Wie empfindest du es, wenn sich Menschen über das Aussehen von anderen Menschen unterhalten? Notiere deine Gedanken!

Am Teich begegneten sich eine dicke Kröte und ein prächtiger Frosch. So gleich spottete der schlanke Frosch: „Oh, wie bin ich dankbar, dass ich nicht so aussehe wie du, entfernter Verwandter!". Die Kröte wusste gar nicht, was sie darauf sagen sollte, da sie sehr gekränkt war. Das spornte den Frosch nur weiter an und immer weiter hetzte er und machte sich auf Kosten des armen Getiers lustig. Dabei wurde er so übermütig, dass er frohen Mutes auf und ab sprang. Die Kröte verharrte weiterhin regungslos am Boden. Von dort konnte sie nur beobachten, wie der Vogel auf den hüpfenden Frosch aufmerksam wurde und diesen auf einen Sitz verschlang.

Verfasser: *Michael Freund*

Der Wassertropfen

1. Lies die folgende Fabel aufmerksam durch!
2. Beschreibe die Handlung in eigenen Worten. Notiere stichpunktartig!
3. Fasse die Fabel in einem Satz zusammen!
4. Beschreibe eine mögliche Lehre dieser Fabel!
5. Überlege dir, wie sich die Perle nun fühlt! Schreibe einen Monolog!

Für Schnelle:
Hast du dich auch schon einmal in einer Gruppe zu wenig beachtet gefühlt? Notiere deine Erfahrungen!

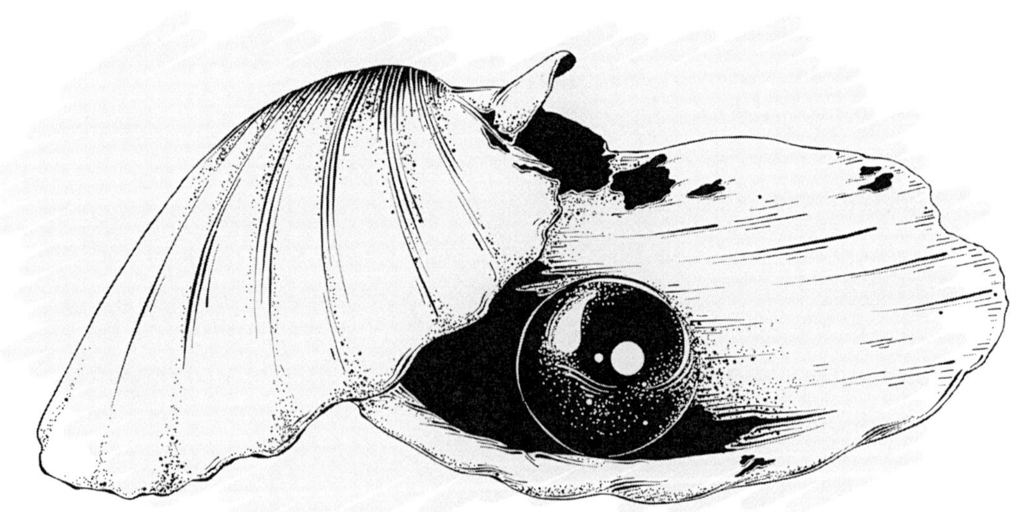

Ein Tropfen Wasser viel aus einer Wolke herab ins Meer. „Ach“, rief er aus, „was bin ich hier unter dieser zahllosen, unüberschaubaren Menge. Ein Nichts, ja fast noch weniger als nichts.“ Eine Muschel hörte diese Worte, tat sich auf und verschlang den bescheidenen Tropfen. In ihr wart er zu einer unschätzbaren Perle und prangt jetzt in der Krone des persischen Monarchen, schöner als alle übrigen Juwelen des Morgenlandes.

Quelle: *Lebensweisheit in Fabeln für die Jugend von Friedrich Hoffmann, Stuttgart, Hoffmann´sche Verlagsbuchhandlung. 1840*

Der Löwe mit anderen Tieren auf der Jagd (nach Aesop)

1. Lies die folgende Fabel aufmerksam durch!
2. Beschreibe die Handlung in eigenen Worten! Notiere stichpunktartig!
3. Fasse die Fabel in einem Satz zusammen!
4. Beschreibe eine mögliche Lehre dieser Fabel!
5. Schreibe ein Gespräch zwischen dem Wolf, dem Bären und dem Fuchs auf, das nach der Jagd stattgefunden haben könnte!

Für Schnelle:
Über welche Eigenschaften verfügen die verschiedenen Fabeltiere? Notiere in Stichpunkten!

Ein Löwe, ein Wolf, ein Bär und ein Fuchs gingen einmal miteinander auf die Jagd und es war ausgemacht, dass sie alles, was sie fangen würden, zu gleichen Teilen unter sich teilen wollten. Sie erlegten einem Hirsch und sogleich wart er in vier Teile geteilt. Als aber ein jeder nach dem seinigen greifen wollte, rief der Löwe: „Haltet ein! Dieser Teil gehört mir in Betrachtung meiner Würde, weil ich Löwe bin. Der zweite Teil gehört mir, weil ich die meiste Mühe damit gehabt habe. Der dritte Teil gehört auch mir, weil ich der stärkste unter euch bin und wer mir den vierten Teil abstreiten will, der soll vorher mit mir raufen!“ Auf diese Weise bekommt keiner seiner Begleiter etwas und sie mussten stumm davon gehen.

Quelle: *Die erneuerten Esopischen Fabeln, nebst den hierzu geeigneten Lehren und Sitten-Sprüchen zusammengetragen zum wahren Nutzen und unterhaltenden Vergnügen. Zweite Auflage. Michael Lindauer´sche Verlagsbuchhandlung. München. 1831*

Der Esel und der Hund

1. Lies die folgende Fabel aufmerksam durch!
2. Beschreibe die Handlung in eigenen Worten!
   Notiere stichpunktartig!
3. Fasse die Fabel in einem Satz zusammen!
4. Beschreibe eine mögliche Lehre dieser Fabel!
5. Notiere ein Gespräch zwischen Esel und Hund!

Für Schnelle:
Hast du es schon erlebt, dass jemandem gedankt wurde, obwohl er/sie gar nichts geleistet hat? Wie ist es dir dabei gegangen? Notiere deine Gedanken!

Auf einem Bauernhof

lebten ein Esel und ein Hund zusammen, sprachen aber kaum ein Wort miteinander. Der Esel verachtete den Hund, weil dieser so hoch in der Gunst des Herrn stand und er selbst immer die schwere und schmutzige Arbeit verrichten musste. Der Hund blickte ganz verächtlich auf den Esel herab, weil dieser so einfältig und dumm war. Heimlich war er jedoch neidisch auf ihn, weil er groß und stark war. Eines Tages schlich der Fuchs herum und wollte die Hühner aus dem Stall rauben. Der Hund schlief tief und fest, da er ein vortreffliches Abendmahl zu sich genommen hat. Der Esel aber ergriff die Gelegenheit beim Schopf und rief laut und kräftig, dass ein Einbrecher zugegen sei. Der Hund erwachte und versprengte den Fuchs sogleich. Der Bauer lobte den Hund für seinen Mut, seine Tapferkeit und seine Treue. Der Esel wurde bei allen Lobeshymnen kaum beachtet. Der Hund erkannte aber seinen Fehler, dankte dem grauen Lastentier und schwor ihm ewige Freundschaft.

Verfasser: *Michael Freund*

Fabeln – Seltene und unbekannte Fabeln kreativ entdecken   Bestell-Nr. 12 600

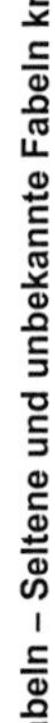

Der Sperling, der zu früh aus dem Nest fliegt (nach Aesop)

1. Lies die folgende Fabel aufmerksam durch!
2. Beschreibe die Handlung in eigenen Worten! Notiere stichpunktartig!
3. Fasse die Fabel in einem Satz zusammen!
4. Beschreibe eine mögliche Lehre dieser Fabel!
5. Stell‘ dir vor, du wärst dieser Sperling. Schreibe ein Gespräch zwischen ihm und den Brüdern, die ihn später ernährten!

Für Schnelle:
Überlege dir, warum junge Menschen nicht immer auf den Rat ihrer Eltern achten und begründe, warum dies manchmal auch ganz sinnvoll sein kann!

Unter einem Dache hatten Schwalben genistet. Eines ihrer Nester nahmen nachher Sperlinge in Besitz und brüteten. Als die Jungen anfingen Federn zu bekommen, konnte einer derselben die Zeit, wo er selbst ausfliegen würde, nicht erwarten. Vergebens warnten ihn die Alten. In ihrer Abwesenheit wagte er sich doch aus dem Neste. Die Folge davon war, wie man ihm vorhergesagt hatte. Seine noch zu kleinen Schwingen trugen ihn kaum einige Spannen weit, dann fiel er zu Boden. Hier fanden ihn ein paar Knaben, banden ihm einen Faden an den Fuß und schleppten in spottend hin und her. Einige Tage blieb er in ihrer Gewalt. Indessen wuchsen seine Fittiche. Jetzt würden sie sicher ihn getragen haben, hätte nicht der böse Faden ihn gehindert. Zwar gelang es ihm endlich, sich loszureißen, aber ein Teil seines Fußes ging verloren. Er selbst blieb gebrechlich und mühsam nur ernährten ihn in einem Strauch einige mitleidige Brüder.

Quelle: *Lebensweisheit in Fabeln für die Jugend von Friedrich Hoffmann, Stuttgart, Hoffmann´sche Verlagsbuchhandlung. 1840*

Der Spiegel

1. Lies die folgende Fabel aufmerksam durch!
2. Beschreibe die Handlung in eigenen Worten! Notiere stichpunktartig!
3. Fasse die Fabel in einem Satz zusammen!
4. Beschreibe eine mögliche Lehre dieser Fabel!
5. Fertige eine Bildergeschichte/einen Comic zu dieser Fabel an!

Für Schnelle:
Was könnte passieren, wenn man sich in sein Spiegelbild verliebt? Notiere deine Gedanken!

Der Stolze sah sein Bild im Spiegel, hielt es für eine fremde Person und nahm es übel, dass diese sich nicht vor ihm beuge. Seine zornige Miene ging natürlich auch aufs Bild über. Eine neue Beleidigung für ihn und er nahm nun ein verächtliches Lächeln an. Auch dieses vergalt ihm der Spiegel und länger konnte der Stolze seinen Zorn nicht mäßigen. Er hob den Stock und zerschlug den Spiegel. Aber dann erst hatte er recht Ursache sich selbst Vorwürfe zu machen, denn statt des einen der bisher über ihn gelacht hatte, sah und hörte er nun das Gelächter von vielen.

Quelle: *August Gottlieb Meißners Sämmtliche Werke. Sechster Band. Enthält: Fabeln. Wien. 1813.*

Der Löwe und der Panther

1. Lies die folgende Fabel aufmerksam durch!
2. Beschreibe die Handlung in eigenen Worten! Notiere stichpunktartig!
3. Fasse die Fabel in einem Satz zusammen!
4. Beschreibe eine mögliche Lehre dieser Fabel!
5. Stelle dir vor, du bist ein Vogel, der das Gespräch zwischen dem Löwen und dem Panther belauscht hat. Fliege zum Esel und erzähle ihm davon!

Für Schnelle:
Überlege dir, warum der Esel dem Löwen hilft. Notiere deine Gedanken!

Ein Löwe hegte lange Zeit einen vertrauensvollen Umgang mit einem Esel. Der Panther machte dem Löwen hierüber Vorwürfe und sagte: „Vergiss deines vornehmen Standes nicht zu sehr und schäme dich mit einem Esel umzugehen.“ „Ich habe ihn jetzt notwendig“, entgegnete der Löwe, „er muss mir die Tiere in den Walde jagen. Sobald ich ihn nicht mehr brauche, schaffe ich ihn gleich von meiner Seite.“

***Quelle:** Fabeln für unsre Zeiten und Sitten. Zweites Bändchen. Von Joseph Kraus. Strasburg und Mainz. 1801*

Fabeln – Seltene und unbekannte Fabeln kreativ entdecken   Bestell-Nr. 12 600

Die Maus und die Schnecke

1. Lies die folgende Fabel aufmerksam durch!
2. Beschreibe die Handlung in eigenen Worten! Notiere stichpunktartig!
3. Fasse die Fabel in einem Satz zusammen!
4. Beschreibe eine mögliche Lehre dieser Fabel!
5. Überlege, wie die Maus auf den Ausspruch der Schnecke reagieren könnte. Notiere die Reaktion!

Für Schnelle:
Oftmals heißt es „Lieber langsam, aber dafür sicher." Beschreibe eine oder mehrere Situationen im Leben, in denen sich dieser Spruch schon bewahrheitet hat.

„Da dank ich schön für die Ehre mein eigenes Haus herumschleppen und durch dessen Schwere so schleichen zu müssen", rief eine Maus der Schnecke zu. „Sieh mal wie schnell ich in einer einzigen Minute den Raum überfliege, zu dessen durchkriechen du ganze Tage bedarfst"! „Es ist wahr, liebe Maus", gab jene zur Antwort. „Du bist schnell, aber schade nur, dass diese Schnelligkeit die Natur nicht ausschlussweise dir, sondern auch deinem Todfeind der Katze mitteilte. Wenn du oft ängstlich vor ihr von Winkel zu Winkel fliehst und dich überall nach einem Schlupfloch umschaust, nicht wahr, dann wünschtest du dir auch ein eigenes Haus und dann würdest du gern eine kleine Unbequemlichkeit des größeren Nutzens halber ertragen?"

Quelle: *August Gottlieb Meißners Sämmtliche Werke. Sechster Band. Enthält: Fabeln. Wien. 1813.*

Die zwei Amseln

1. Lies die folgende Fabel aufmerksam durch!
2. Beschreibe die Handlung in eigenen Worten!
   Notiere stichpunktartig!
3. Fasse die Fabel in einem Satz zusammen!
4. Beschreibe eine mögliche Lehre dieser Fabel!
5. Schreibe ein Gespräch zwischen Habicht und Falke auf!

Für Schnelle:
Notiere deine Gedanken zum Thema „Wettkampf“ (z. B. beim Sport oder in der Schule).

Zwei Amseln saßen auf ihrer jeweiligen Warte und sangen voller Inbrunst und Begeisterung. Jede wollte die andere übertreffen. Gegenseitig stachelten sie sich an und trällerten und schmetterten ihre Liedchen, eines schöner als das andere. Jedoch vergaßen sie bei ihrem Wettstreit, dass die Welt nicht nur eitel Sonnenschein ist. So bemerkten sie nicht, dass sich ein Habicht und ein Falke näherten. Die beiden hatten sich im Vorfeld darauf geeignet, wer welchen Singvogel zur Beute haben sollte. Unwissend und nichtsahnend pfiffen die Vögelchen, ganz in ihren Wettkampf vertieft, und erkannten nicht wie die Raubvögel heranbrausten und innerhalb von Sekunden ihr Leben beendeten.

Verfasser: Michael Freund

Der Hase und der Löwe

1. Lies die folgende Fabel aufmerksam durch!
2. Beschreibe die Handlung in eigenen Worten! Notiere stichpunktartig!
3. Fasse die Fabel in einem Satz zusammen!
4. Beschreibe eine mögliche Lehre dieser Fabel!
5. Schreibe das Gespräch auf, das zwischen dem Hasen und dem Löwen stattgefunden hat!

Für Schnelle:
Macht es im Leben immer Sinn, sich nur am Stärkeren zu orientieren? Begründe deine Meinung!

Ein Hase, der von den Hunden verfolgt wurde, flüchtete sich geradezu in die Höhle eines Löwen. Ich weiß wer hier wohnt, doch wenn der Löwe großmütig gegen mich handeln will, wo könnte ich dann sicherer sein als bei ihm und will er mich töten, besser ist es durch einen so edlen Feind als durch einen unedlen umzukommen. Dem Löwen gefiel sein Zutrauen. Er trat an die Höhle, erschrocken wichen die Hunde zurück als sie ihn sahen. Den Hasen entließ er unbeschädigt.

Quelle: *August Gottlieb Meißners Sämmtliche Werke. Sechster Band. Enthält: Fabeln. Wien. 1813.*

Der Strauch und die Eiche

1. Lies die folgende Fabel aufmerksam durch!
2. Beschreibe die Handlung in eigenen Worten! Notiere stichpunktartig!
3. Fasse die Fabel in einem Satz zusammen!
4. Beschreibe eine mögliche Lehre dieser Fabel!
5. Setzte die Geschichte fort

Für Schnelle:
Stelle die Geschichte zeichnerisch dar!

Ein Strauch wuchs unter dem Schatten einer hohen Eiche, deren Gipfel bis an die Wolken reichte. „Wie glücklich bin ich“, sagte der Strauch, „dass ich unter dieser Eiche aufwachse. Ich bin gegen Wind und Regen und gegen jedes Ungemach der Witterung geschützt.“ Kaum hatte der Strauch ausgeredet als plötzlich ein Blitzstrahl die Eiche zerschmetterte. Der Strauch war nun ohne Schutz und dem Spiele der Winde preisgegeben.

Quelle: Fabeln für unsre Zeiten und Sitten. Zweites Bändchen. Von Joseph Kraus. Strasburg und Mainz. 1801

Fabeln – Seltene und unbekannte Fabeln kreativ entdecken Bestell-Nr. 12 300

Der Frosch und der Aal

1. Lies die folgende Fabel aufmerksam durch!
2. Beschreibe die Handlung in eigenen Worten!
   Notiere stichpunktartig!
3. Fasse die Fabel in einem Satz zusammen!
4. Beschreibe eine mögliche Lehre dieser Fabel!
5. Stelle dir vor, du wärst der Frosch. Was könntest du deinen Brüdern und Schwestern über den Vorfall erzählen? Notiere ein Gespräch!

Für Schnelle:
Wie empfindest du es, wenn Menschen sich in den Mittelpunkt stellen und ständig versuchen Aufmerksamkeit zu erregen? Notiere deine Gedanken!

Ein junger Frosch, der erst seit wenigen Tagen seine Stimme bekommen hatte, bediente sich derer leidlich. Und so spottete er dem Aal, dass er so stumm sei. „Du hättest Recht", antwortete dieser, „wenn diese Stimme, sie klingt auch wie sie wolle, Verdienst wäre. Aber glaube mir, ein bescheidenes Schweigen ist mehr Wert, als ein lautes lästiges Gespräch."

Quelle: *August Gottlieb Meißners Sämmtliche Werke. Sechster Band. Enthält: Fabeln. Wien. 1813.*

Der Ochs und der Baum

1. Lies die folgende Fabel aufmerksam durch!
2. Beschreibe die Handlung in eigenen Worten!
   Notiere stichpunktartig!
3. Fasse die Fabel in einem Satz zusammen!
4. Beschreibe eine mögliche Lehre dieser Fabel!
5. Stelle dir vor, du bist ein Esel, der mitbekommen hat, warum der Ochs seine Hörner verlieren soll. Besprich dich mit dem Hofhund!

Für Schnelle:
Wie soll man mit jemandem umgehen, der bösen Willen zeigt?
Notiere deine Gedanken!

Ein Ochs war zum Verlust seiner Hörner verdammt und fest an einen Baum gebunden, wo man solche ihm abzusägen Willens war. Voller Wut schimpfte er in diesem Zustand auf den Baum und drohte ihn auszureißen, sodass er wieder frei sein würde. „Das hättest du eher tun sollen", antwortete dieser mit ruhigem Spott, „denn vormals hattest du Kräfte und bösen Willen zugleich. Jetzt wird halt nur der Letztere dir übrigbleiben und dieser, von Ohnmacht begleitet, erweckt nur Spott, nicht Furcht."

***Quelle:** August Gottlieb Meißners Sämmtliche Werke. Sechster Band. Enthält: Fabeln. Wien. 1813.*

KOHL VERLAG

Der Maulwurf und der Pfau

1. Lies die folgende Fabel aufmerksam durch!
2. Beschreibe die Handlung in eigenen Worten! Notiere stichpunktartig!
3. Fasse die Fabel in einem Satz zusammen!
4. Beschreibe eine mögliche Lehre dieser Fabel!
5. Die Amsel hat den Vorfall beobachtet. Was könnte diese seiner Familie erzählen? Notiere!

Für Schnelle:
Über welche Eigenschaften verfügen Maulwurf und Pfau? Notiere deine Gedanken!

Ein Pfau stolzierte seines Weges und traf einen Maulwurf, der gerade aus seinem Erdloch hinauskuckte. Verächtlich sprach der Vogel: „Na, du Schmutzfink, was gibt es Neues bei dir im Dreck?" „Hier ist mein Platz und hier fühle ich mich wohl!", entgegnete der schwarze Gesell. Der Pfau schnaubte verächtlich und schritt von dannen. Wenige Meter später blickte der stolze Pfau mit erhobenem Haupt in den Himmel. Dabei übersah er die Schlinge, die am Boden lag. So wurde er gefesselt und von Menschenhand wegen seiner Schönheit ausgestopft.

***Verfasser:** Michael Freund*

Der Hund und der Stier

1. Lies die folgende Fabel aufmerksam durch!
2. Beschreibe die Handlung in eigenen Worten! Notiere stichpunktartig!
3. Fasse die Fabel in einem Satz zusammen!
4. Beschreibe eine mögliche Lehre dieser Fabel!
5. Stelle dir vor, du bist der Hund und hast den Zweikampf überlebt. Was wirst du deinen Kindern erzählen? Notiere ein Gespräch!

Für Schnelle:
Stelle die Szene zeichnerisch dar!

Ein Hund, der mit einem Stier kämpfen sollte, versprach sich im Voraus den Sieg und schätzte seinen Gegner gering, weil dieser keine Oberzähne habe. Aber er hatte die Hörner vergessen, die er nur allzu bald und allzu kräftig empfand, denn von ihnen in die Luft geschleudert rief er zu spät aus: „Daran habe ich nicht gedacht!“.

Quelle: *August Gottlieb Meißners Sämmtliche Werke. Sechster Band. Enthält: Fabeln. Wien. 1813.*

Der Adler und die Krähe (nach Aesop)

1. Lies die folgende Fabel aufmerksam durch!
2. Beschreibe die Handlung in eigenen Worten! Notiere stichpunktartig!
3. Fasse die Fabel in einem Satz zusammen!
4. Beschreibe eine mögliche Lehre dieser Fabel!
5. Eine Elster hat den Vorfall beobachtet. Notiere, was sie sich über die Situation denkt!

<u>Für Schnelle</u>:
Sind dir schon einmal Menschen begegnet, die immer nur an ihren eigenen Vorteil denken? Notiere deine Gedanken!

Ein Adler hackte an einer Muschel und konnte trotz aller Mühe die Schale nicht zerbrechen, um an das Tier darin zu kommen. Eine Krähe gab ihm den Rat, er solle mit der Muschel so hoch in die Luft fliegen, als er könne und sie auf einen nahen Felsen fallen lassen. So würde die Schale durch ihre eigene Schwere zerbrechen. Der Rat wird angenommen und es gelang. Als aber der Adler noch flog, lauerte die Krähe bereits auf dem Felsen und flog mit der Beute davon.

Quelle: *Die erneuerten Esopischen Fabeln, nebst den hierzu geeigneten Lehren und Sitten-Sprüchen zusammengetragen zum wahren Nutzen und unterhaltenden Vergnügen. Zweite Auflage. Michael Lindauer´sche Verlagsbuchhandlung. München. 1831*

Der Ochs und der Ziegel

1. Lies die folgende Fabel aufmerksam durch!
2. Beschreibe die Handlung in eigenen Worten! Notiere stichpunktartig!
3. Fasse die Fabel in einem Satz zusammen!
4. Beschreibe eine mögliche Lehre dieser Fabel!
5. Stelle die Szene zeichnerisch dar!

Für Schnelle:
Hast du in deinem Leben schon mal eine Gefahr unterschätzt?
Wie ist es dir danach ergangen? Notiere deine Erfahrungen!

Ein Bauer ereiferte sich über einen unbändigen Ochsen und drohte ihm mit einem Ziegel zu werfen. Der Ochs lachte dessen: „Ist ein Ziegel nicht von Erde? Durchackere ich die Erde nicht?" Er lachte nicht mehr, als er den Wurf wirklich fühlte, wirklich empfand, wie sehr diese Erde mittlerweile im Feuer sich verhärtet habe.

Quelle: *August Gottlieb Meißners Sämmtliche Werke. Sechster Band. Enthält: Fabeln. Wien. 1813.*

Der sterbende Pfau

1. Lies die folgende Fabel aufmerksam durch!
2. Beschreibe die Handlung in eigenen Worten! Notiere stichpunktartig!
3. Fasse die Fabel in einem Satz zusammen!
4. Beschreibe eine mögliche Lehre dieser Fabel!
5. Notiere eine Unterhaltung zwischen den Pfauenkindern, die sich über die Erbschaft unterhalten!

<u>Für Schnelle</u>:
Überlege dir, welche symbolische Bedeutung der Pfauenschweif hat. Notiere in Stichpunkten!

Ein sterbender Pfau vermachte wenige Augenblicke vor dem Tod seinen schönen Schweif dankbar dem Hausherrn, der ihn ernährt hatte. Seine Kinder beschwerten sich darüber, weil nun das vorzüglichste Stück ihre Erbschaft verloren gehe. „Oh“, rief der Vater ihnen zu, „ihr seid nicht meine Söhne, wenn ihr nicht auch unbeschränkt ähnliche Schweife tragt.“

Quelle: *August Gottlieb Meißners Sämmtliche Werke. Sechster Band. Enthält: Fabeln. Wien. 1813.*

Die Fabel-Werkstatt

So gelingt dir das Schreiben einer Fabel!

1. Überlegt im Klassenverband, welche Tiere in euren Fabeln vorkommen sollen. Notiert diese an der Tafel.
2. Erstellt in Partnerarbeit Wortkarten, über welche Eigenschaften diese Fabelwesen verfügen. Präsentiert die Ergebnisse in der Klasse.
3. Erstellt mit Hilfe der Wortkarten eine Mindmap zum Thema „Fabeltiere“.
4. Sammelt in der Klasse Ideen, welche Lehren eine Fabel haben kann.
   Gerne könnt ihr euch an Sprichwörter und Redewendungen orientieren, wie z. B.:
   - Wenn zwei sich streiten, freut sich der Dritte.
   - Lügen haben kurze Beine.
   - Wer einmal lügt, dem glaubt man nicht.
   - Reden ist Silber, Schweigen ist Gold.
   - usw.
5. Notiere in Stichpunkten die Handlung deiner Fabel. Stelle diese anschließend deinem Partner/deiner Partnerin vor. Diskutiert darüber.
6. Schreibe deine Fabel.
7. Überarbeitet die Fabel innerhalb der Klasse mit der Textlupe.

Portfolio

Thema: Fabeln

1. Erstelle ein Deckblatt für das Portfolio. Diese enthält alle notwendigen Informationen (Name, Klasse, Schuljahr, Thema) sowie künstlerische Darstellungen (z. B. Zeichnungen, Bilder usw.).
2. Erstelle einen Steckbrief über einen berühmten Fabelautor/eine berühmte Fabelautorin. Dieser enthält unter anderem die folgenden Informationen:
   - Lebensdaten (Geburt, Tod usw.)
   - Besondere Werke
   - Herausragende Ereignisse
   - Weitere Besonderheiten
3. Wähle eine Fabel und gestalte dazu eine Bildergeschichte.
   oder
   Wähle eine Fabel und gestalte dazu einen Comic.
4. Wähle eine Fabel und schreibe diese um. Du darfst sie weiterführen, abändern, den Sinn verändern usw.
5. Welche Fabel gefällt dir besonders gut? Begründe deine Meinung!
6. Wenn du ein Tier in einer Fabel sein könntest, welches wärst du gerne? Begründe deine Meinung!
7. Was hast du bei der Bearbeitung des Portfolios gelernt? Notiere deine Einschätzung!
8. Was würdest du gerne noch wissen? Was interessiert dich zum Thema noch? Notiere deine Meinung!

Projektarbeit

Fabeln lassen sich in Projektarbeit besonders intensiv behandeln. Gelerntes bleibt nachhaltiger verfügbar.

Die folgenden Vorschläge für Projekte bieten einen kurzen Überblick über das, was man in einer „fabelhaften Fabelwoche“ alles machen könnte.

Die Aufzählung ist nicht abschließend.

Der Kreativität sind keine Grenzen gesetzt.

Die Schülerinnen und Schüler können die folgenden Aktivitäten umsetzen:

- Rollenspiele gestalten
- Collagen gestalten
- Comics (z. B. mit ComicLife 3) gestalten
- Bildergeschichten gestalten
- Ausstellung im Schulhaus erstellen
- Videos drehen
- Fabeln schreiben
- Hörspiele gestalten
- Fabeln vorlesen (z. B. Kita, Grundschule, Altenheim usw.)
- Blog gestalten
- Vlog gestalten
- Erklärvideos drehen
- Apps erstellen (z. B. LearningApps)
- ...

Lösungen

Die Lösungsvorschläge sind jeweils auf eine mögliche Lehre der Fabel reduziert. Dies liegt daran, dass die Fabeln sehr kurze Texte sind, die ohne großen zeitlichen Aufwand gelesen und in eigenen Worten wiedergegeben werden können.
Die kreativ-produktiven Arbeitsaufträge lassen sehr individuelle Lösungen entstehen, für die es kein idealisiertes Muster gibt bzw. geben kann.

Einzig die Lehren können bei Bedarf als Orientierungshilfe genutzt werden, wenngleich es auch hier nicht nur eine einzige legitime Interpretation gibt.

Der Wolf und der Kranich (nach Aesop)
Mit bestimmten Personen sollte man keine Geschäfte machen.

Der junge Baum und der Wind (nach Willamov)
Auch unangenehme Erfahrungen lassen einen wachsen.

Die Eiche und der Orkan
Gemeinsam geht es besser. Zusammen ist man stark.

Der Hund und sein Schatten (nach Lafontaine)
Die Gier führt oft zu vermeidbarem Unglück.

Die Krähe und der Eber
Bedenke das Ende.

Die Maus, die Katze und der Hund
Verträge sind zu halten.

Der Hund und der Dieb (nach Aesop)
Ehrlich währt am längsten.

Der Fuchs und der Löwe
Vorsicht ist besser als Nachsicht.

Der Fuchs und der Igel (nach Camerarius)
Weniger ist mehr.

Die Katze und der Hund
Nach der Pflicht kommt die Kür.

Die Ruder und das Steuer
Nur gemeinsam kommt man vorwärts.

Der Wolf und das Lamm (nach Aesop)
In gewissen Situationen reicht es nicht, sich nur durch Reden zu verteidigen.

Die Schildkröte und die zwei Enten (nach Bidvai)
Vereinbarungen sind einzuhalten.

Die Kröte und der Frosch
Lästern lohnt sich nicht.

Der Wassertropfen
Mit der entsprechenden Unterstützung kann man alles erreichen.

Der Löwe mit anderen Tieren auf der Jagd (nach Aesop)
Bedenke, mit wem du dich einlässt.

Der Esel und der Hund
Späte Einsicht ist besser als keine Einsicht.

Der Sperling, der zu früh aus dem Nest fliegt (nach Aesop)
Alles zu seiner Zeit.

Der Spiegel
Erkenne dich selbst!

Der Löwe und der Panther
Bedenke, mit wem du dich einlässt!

Die Maus und die Schnecke
Auch Unannehmlichkeiten können Nutzen bringen. Ertrage sie.

Die zwei Amseln
Überflüssiger Streit führt ins Verderben.

Der Hase und der Löwe
Der Ober sticht den Unter.

Der Strauch und die Eiche
Vertraue auf dich selbst und mach dich nicht abhängig.

Der Frosch und der Aal
Reden ist Silber, Schweigen ist Gold.

Der Ochs und der Baum
Gestehe deine Fehler ein und bereue aufrichtig.

Der Maulwurf und der Pfau
Es ist besser bescheiden zu sein und seine Aufgabe zu erledigen, als überheblich und selbstverliebt zu scheitern.

Der Hund und der Stier
Achte auf deine Umwelt und bedenke das Ende.

Der Adler und die Krähe (nach Aesop)
Schenke dein Vertrauen nicht jedem. Manche denken nur an ihren eigenen Vorteil.

Der Ochs und der Ziegel
Wer nicht hören will, muss fühlen.

Der sterbende Pfau
Jeder ist selbst seines Glückes Schmied.